Richard Weber-Laux

Vorwärtsbewegungen

Richard Weber-Laux

Vorwärtsbewegungen

Gedichte, Texte und Scherenschnitte

Bibliografische Information der Deutschen Nationalbibliothek:
Die Deutsche Nationalbibliothek verzeichnet diese Publikation
in der Deutschen Nationalbibliografie; detaillierte bibliografische Daten sind im
Internet über http://dnb.dnb.de abrufbar.

Die automatisierte Analyse des Werkes, um daraus Informationen insbesondere
über Muster, Trends und Korrelationen gemäß §44b UrhG („Text und Data
Mining“) zu gewinnen, ist untersagt.

Scherenschnitte: Dorothee Dreymann

Verlag: BoD · Books on Demand GmbH, In de Tarpen 42, 22848 Norderstedt
Druck: Libri Plureos GmbH, Friedensallee 273, 22763 Hamburg

ISBN: 978-3-7693-0128-1

Inhaltsverzeichnis

Vorwort

Nach fast 40 Jahren berühren mich die Texte als Autor selbst. Ich kann in ihnen den Zustand und die Entwicklung eines jungen Erwachsenen ablesen, der seinen Weg im Leben zu finden sucht. In der Rückschau bin ich dankbar, dass damals schon so viel angelegt war, was sich in meinem Lebensvollzug dann zeigte.

Für mich war diese Zeit wesentlich, möchte sie nicht missen. Das Ausprobieren des Schreibens war dasjenige, was der Seele damals half, mit der Weltenlage fertig zu werden. Dies ist bei jedem Menschen anders und jeder Weg ist ein heilender Weg, wenn er aufrichtig begangen wird.

Die ursprüngliche Ausgabe von 1985 fand im Selbstverlag in sehr kleiner Auflage unter dem damaligen Namen Helmut Richard Weber statt – und wurde über fast Jahrzehnte dort vergessen. Unter dem Kapitel „Zuvor" bleibt das ursprüngliche Vorwort erhalten. Für die schönen Scherenschritte zu den Sektionen vielen lieben Dank an Dorothee Dreymann.

Ich habe die Texte an die neue deutsche Rechtschreibung dort angepasst, wo es dem Lesefluss dient. Auch ein paar Schreibfehler sind so korrigiert worden. Ansonsten stehe ich zu meiner Ausdrucksweise, die ja kein Goethe sein möchte, sondern authentischer Prozess eines Endzwanzigers.

Wenn ich eines erreichen möchte, dann dies: Es soll eine Ermutigung für die Leser sein, selbst zu einem Stift oder zur Tastatur zu greifen und aus seinem Inneren heraus die Worte fließen zu lassen. Ein Geschenk an sich selbst – und manchmal wird daraus mit dem Mut, das Ergebnis anderen zu zeigen, eine wunderbare, transformierende Kommunikation.

Alsbach-Hähnlein, im Oktober 2024

Zuvor

"Ich bin oft müde und ohne Glauben und Mut, aber ich glaube, man muß diese Zustände nicht eigentlich bekämpfen, sondern sich ihnen überlassen, einmal weinen, einmal gedankenlos brüten, und nachher zeigt sich, daß inzwischen die Seele doch gelebt hat und irgend etwas in einem vorwärts gegangen ist."
(Hermann Hesse)

Die beständige Gradwanderung zwischen Gesundheit und Krankheit durchzieht unseren Alltag, kaum jemand bleibt davon unberührt. Wie von einer großen Hand werden wir ständig geschubst zu neuem Lernen, müssen wir uns immer mehr vollenden.

Ich brauchte viele Anstöße und musste viel Leid erfahren, bevor ich mich auf den Weg jener Gradwanderung begab. Und davon erzählen die Gedichte und Geschichten. Sie spiegeln einige Zustände, die ich durchlief, wider und noch jetzt berührt mich ihr Glanz, sind sie doch ein Stück dieser Ent–Wicklung.

Viele Dinge habe ich seit jenen Anfangsstößen ausprobiert, manches wurde wieder unwichtig, geblieben ist weniges. Sie allein haben jene Kraft und Sinnlichkeit, mit der sie mir helfen, mich zu finden, ich zu sein: eines von diesen ist das Schreiben.

Jetzt nun ist die Zeit gekommen, wo ich nicht nur auf Hilfe von außen angewiesen bin, sondern die in mir keimende Kraft und Liebe auch anderen wieder verschenken kann – ja muss. Da es eines meiner großen Probleme ist, anderen Liebe zu geben, ohne Erwartungen und Hoffnungen für irgendeinen Rückfluss aufzubauen, lasse ich dieses Büchlein in die Welt fließen und wünsche ihm einen segensreichen, liebevollen und heilsamen Weg – zu Dir. Viel Unsicherheit und manche Ängste gehen auf diese Reise. Eins ist uns – im Schreiben und im Lesen – gemeinsam: die Vorwärtsbewegungen zu uns selbst.

Darmstadt, im Dezember 1985

Sonne

Nach dem Aussensein

Jemand sagt: Musik ist die Schwingung des Lebens,
ja das Leben selbst. Doch verstehen kann ich
seine Worte nur, wenn ich Musik höre und
viel Musik ist in allem:
Der Wind im Gebälk
das schreiende Kind
der glucksende Tee
ein Choral von Bach
eine Oboe und ein Schlagzeug
das Geräusch des Schlafens
der Sommer in der Innenstadt
das Rauschen des Meeres
das sterbende Mäuschen
mein Atem
das Umschlagen einer Buchseite
das Tauchen im See
die Schritte im Dom
das Balzen der Drosseln
das Adagio der Einsamkeit
der springende Funke im Ausgelassensein
die vermischten Farben im Malkasten
die Fahne des Räucherstäbchens.
Und wenn ich sterbe, verklingt nur meine
Schwingung und viele neue stimmen ein
in das ewige Lied.

Nach all der Zeit

Mir ist's, als sei es gestern,
ich wollt es wäre morgen
und heute brennt die Wund!
Gefangen waren Herz und Seel',
fliehen wird der Verstand
und heute bin ich zerrissen dazwischen.
Gab Sicherheit und flüchtige Zärtlichkeit,
wünschte Freiheit und tiefes Vertrauen ohne Worte
und mein Konto ist heute leer.
Fließen in der Zeit und ich bin ich.

Im Fließen der Glut

Tief drinnen, wo abseits aller Einsicht
das Wissen um Alles steckt,
gibt es ein kleines Loch.
An Tagen tiefen Rückfalls auf das eigene Ich,
wenn düster der Gedanke und Einsamkeit
das Herz bedrängt und
ich lebe in diesem Schmerz und Leid,
dann merke ich jenes Loch und es
wird ein kleiner Blick hindurch
der nächste Stein für die starke Mauer,
die Grundfeste für das Werden ist –
Hoffnungsgeber, Vergangenheitsklärer und
Gegenwartsdeuter. Scheu entdecke
ich dann das Ewige und im zaghaften
Annehmen durchströmt mich Wärme und
Geborgenheit. Klein ist dann die Frage
nach dem Sinn.

Rückführung beim Frühstück

Das Grummeln im Bauch ist nur ein Zeichen.
Traf die liebe Freundin durch Zufall im Café,
zum Frühstück, ihre Bedrücktheit empfand
ich sofort – und verdrängte sie.
Sie erzählte von einem lieben Bekannten,
mit dem sie tags zuvor Kaffee trank –
und nun sei er tot, tödlich verunglückt,
eine schlimme Nachricht am Morgen.
Ihren Schmerz merkte ich, ihre Fähigkeit
damit als Schicksal umzugehen.
Das Gespräch lief auf den Tod im Allgemeinen,
wie andere ihm begegnen und als ich
Stellung nehmen sollte, war
das Grummeln im Bauch nur ein Zeichen.

Übergänge

Übergänge von dieses in jenes,
von Sommer in Winter,
von Krankheit in Gesundheit,
von Stille in musikalischen Raum
von Arbeitsbelastung in Arbeitsfreude,
von Hunger in Sattheit,
von Zärtlichkeit in Einsamkeit,
von Stetigem ins Vorwärtsstreben.

Übergänge kosten Zeit und Energie,
Übergänge machen Alternativen deutlich,
Übergänge zeigen dir deine Grenzen,
Übergänge schaffen Raum für Neues,
Übergänge sind normal oder zwingend,
Übergänge: Gänge über das Normale,
Übergänge machen dich leben und lieben,
Übergänge von Geburt bis Tod.
Übergänge sind der Unterraum des Seins.

Abweichungen

Ich entspreche nicht den gängigen Mustern,
sehe nicht aus wie die marktgerechten Exemplare,
spiele nicht nach ihren Regeln.
Gegeben haben sie mir aber ihre Sehnsucht
und ihre Erwartungen an einen Menschen um mich herum.
So im Zwielicht zwischen Norm und Anderssein
entscheide ich mich für mich.
Eine einsame Entscheidung im Kopf –
oft läuft der Körper mit den alten Dingen fort,
hinterlässt jenes matte, schlüpfrige Gefühl,
dass es noch Zeit bedarf, die Einheit zu erlangen.

Renate

Die Ewigkeit zwischen den Polen
war ihnen bewusst.
Nur zwei Tage gaben die Sicht frei.
Im steten Wachsen der Nähe durchliefen sie
das rote Labyrinth.
Der Sinn von Nähe fand in ihm ein Samenkorn
und ihre Bewegungen waren
mehr als Werbungen um aktives Finden.
Die öligen Hände auf Gesicht und Nacken
nahmen schon lieb Abschied,
bevor
alte, fahle Masken den Traum zerstörten.
Die durchlangsamte Bühne des Stieres
ward Geburt und Tod zugleich und
im ruhigen Loslassen trug sie die
Schönheit einer Frau und Träne.

Verhaltene Berührungen

(ein Abend mit B.)
In der Arena der Ziehungen,
geschwängert und erdrosselt von Be- und Ver-,
lebt die alleinige Glut der Hoffnungen.

Im Kopf spielen wir unsere Krisen nach,
machen uns Mut und halten uns,
um doch jeder für sich zu sein.

Die Blicke wandern durch die Tore
in die Ebenen des anderen, verwirrt
und erstaunt zeigt sich uns der Urwald.

Mit feuchter Nase folgen wir der Spur,
die der andere uns legt und
finden in der Weite nur uns selbst.

Die Kraft, der Mut und die Energie
erwacht nochmals im Gespräch und
zeigt sich in so vielen verschiedenen Farben.

Im Einlassen fühlt sich keiner Verlassen.
Die Nacktheit der Seele und des Herzens
streichelt die Wärme und Zuneigung.

Diese Begegnungen im Tunnel der Zufälle
erbauen die Wege vorwärts, einigen und
innigen die Einsamen auf ihren Wegen.

Eigenanrede

Explodiert Wände,
steigt auf Gesellen,
gebt frei euren Duft,
leuchtet weit ins Antlitz.

Überschwemmt rot das Böse,
fühlt Freiheit in eurem Atem,
senkt Frieden aufs Land,
regnet nieder die Sanftmut.

Vertreibt die Schatten,
pflanzt die frischen Triebe,
lebt aus der Lust,
erhebt das Licht.

Seht die Brüder,
schmeckt das Leid,
verkündet die Freude,
seid beständig.

Loslösung

Die Dichtigkeit der Tage reicht
kaum an den Traum,
welcher Rückführung bringt und
belebt, was lange verschüttet war.
Befreiung aus enger Umklammerung
sieht auch aus wie die Umfassung
und das Eingehen in das Ganze.
Wo Grenzen verwischen, samtig
die Zeit das Leben treibt,
steht hoch ein Baum,
unendlich damit beschäftigt,
sich zu entfalten, gen Himmel zu wachsen,
zu wachsen, zu wachsen, ...

Blicke auf die Hände

Wenige Tage Arbeit mit rohen Dingen nur,
und meine zarten Hände werden rau und spröde.
Diese Veränderung macht sie mir erst einmal fremd,
so als ob sie nicht mehr zu mir gehörten.
Mit viel Creme und Öl versuche ich den alten
Zustand wiederherzustellen, bezweifle gar
ihre Fähigkeit zu Zärtlichkeit und Einfühlung.

Und doch zeigen sie mir auch die Auswirkungen
meiner Kräfte, sind Zeugen für neu Geschaffenes.
Die Zeit wird vorübergehen und ich werde
sie vielleicht wieder weniger wahrnehmen wie jetzt.
Mit neuer Haut und den Erinnerungen werden
sie mehr an mich gewachsen sein wie zuvor.
Darauf kann ich mich verlassen.

Von der Schönheit ...

Von der Schönheit und Ruhe der Natur umgeben,
umfangen in der Lebhaftigkeit und Zerstreuung der Freunde,
bin ich doch einsam erwacht aus tiefer, traumreicher Nacht.

Die Orientierung am frischen Tag fällt schwer,
zu leicht mag ich mich unterordnen um des Angenommenseins willen,
zu bequem lockt der Weg außerhalb der eigenen Haut.

So verstreicht die Zeit auf der Suche nach dem täglichen Selbst,
verstreicht auch die Energie in dumpfe Bahnen träger Klebrigkeit,
bis der innere Hohn dich schubst auf deinen Weg.

Wenn wir sind, was wir wahrnehmen und uns befehlen,
so muß dies täglich neu geschehen, geboren werden an jedem Morgen,
bis an den Tag, da nur noch Geburt ist für uns.

Am Brunnen

Plätschernd wie Wasser am Brunnen
und die Töne einer Klarinette
flankieren die Geschäftigen vorbei.
Vorbei am sonnenbeschienenen Platz,
vorbei an den paar Minuten winkender Erholung
von samstäglichen Streben und Tun.
Vom Wind genarrt und von Duft irritiert
sitzt der Genießer inmitten des Gewirrs,
wechselnd zwischen den Eindrücken wie
zwischen den Tagen eines Jahres.
In Feinheiten der Gesichter, des kleinen Verweilens,
steht der unbewusste Genuss geschrieben.
Allein den Kindern gerät die Unbefangenheit,
um den Brunnen laufend, die Rhythmen nachwippend,
und immerzu lächelnd – kleine Engel.
Bleibt doch! schreit es in allen Schwingungen,
morgen regnet's vielleicht: Lebt jetzt, spielt mit uns.

Odenwald

Die Spuren des Tages, der Sonne, ziehen
schwüle Fäden durch das Tal.
Vom Flieder gebläute Luft trägt kaum
die Enge des Dorfes, der Gedanken.
So unberührt, so unveränderlich kam kaum
mir eine Stelle vor, abgehoben schwebe
ich ihr davon, wähle mir eigene Wege.
Von Ferne naht das Gewitter, dass sie in
ihre Häuser treiben wird, ob das sie fluchen.
Mir winkt der Weg zurück, vorbei am
Flieder auf luftigere Höhen, wo weit der
Blick schweifen kann und sehen das Herz.

Die Zwiebel

Schale um Schale pelle ich die Zwiebel,
um zum Kern zu kommen, denke ich.
Dann halte ich inne, steigt auf die Vorstellung,
dass mein Weg in dieser Welt der Zwiebel ähnelt:

Mit jeder Schale, die wie eine Maske vom Herzen fällt
kommt das Wahre deutlicher hervor, wird feiner,
um am Ende sich ganz selbst aufzulösen.

Mit jeder Schale nehme ich die Welt anders wahr,
das innere Auge purzelt immer mehr zusammen.
Die Träne, die aufsteigt beim Entblättern, hat die
Konzentration eines Bernsteines, begleitet die Welt
durch viele neue und ich staune nur noch.

Noch jedesmal

Noch jedes Mal fühle ich mich beklommen
nach all' den Jahren weg von dir.
Spüre dieses nicht gute Auslaugen,
dass gegen meinen Rest an Zuneigung anläuft.
Unsere Gespräche bleiben auf derselben
hohlen Ebene wie früher, du im alltäglichen
Geschehen, ich im himmlisch Abstrakten.
Wir werden uns nie begegnen, so als wenn dies
die Aufgabe unserer Begegnung wäre:
Fremde in und durch die Tiefe der
Berührung.

Ehrfurcht

Die sicheren Schritte auf unwirklichem Untergrund
bergen kaum vor der Unsicherheit.
Mit weißem Zuckerguss versehen prangt er vor mir,
reich an Kraft und subtiler Macht.
Die Beziehung kann ich kaum erfassen,
spüre nur die Verbundenheit und Heilsamkeit.
Vor dem Versinken in nächtliche Traumreiche
leuchtet plötzlich dies Gefühl auf: Ehrfurcht.

Karussell

Was entflieht mir die Ent–täuschung?
Nur, ich weiß nicht wohin mit meiner – Liebe.
Niemand der sie haben will, aber auch
niemand der sie eintauscht.

Enttäuscht: wie am Anfang
stehe ich da, an dem Punkt die
Reise erneut zu beginnen.
Im großen leeren Raum fällt es leicht
dankbar dafür zu sein, doch nachts
im weichen Bett bilden blockierte Tränen
eine Nebelwand, die mich morgens
so schwerlich ins Leben entlässt.
Nicht die Klage um der Klage willen,
doch Demut bedrängt mich wie die weiße Sonne.

Mittwochnachmittag

Und wieder gab ich der Traurigkeit in mir nach, verwandt den Tag mit faulem Nichtstun und fand mich am Ende einsam wie zuvor. Geschäftig kommen die Leute nach Hause, demonstrieren durch Rücken der Gartenmöbel ihr Recht auf Freizeit und ihre Leistung am Tag. Mir ist der Horizont verengt, das Licht blendet und die innere Hyperaktivität, einem Allergieanfall gleich, lässt mich ziellos suchen in den Ablagerungen der Vergangenheit. Alle versuche mich ihm jetzt zu definieren, scheitern, meine Wahrnehmung von mir hat Ausgang und die Augen schreien flehentlich nach der warmen, helfenden Hand.

Herr, Gott: die Daumen zwingen und Peinigungen früherer Jahrhunderte haben heute andere Qualitäten. Bin ich meine eigene Inquisition? Polaroid-Bilder, Reste vom Erdbeerkuchen, Batterien in Schwarz, Panther-Bücher. Zu akzeptieren, dass es so ist, fällt mir schwer und mit ruhelosem Suchen nach nie passenden Lösungen vertreibe ich den Tag, Traum und Tugend. Auch Vorbilder gibt es genug, ihr Vor hat so viel Zwang in solchen Momenten. Mir selbst genug? Nein, es braucht noch etwas mehr. Der Sinn im Sein? Nein, das stete Suchen nach mehr. Auch ich ein getriebenes Kind dieser Zeit. Manchmal packt das Grauen arg zu, schiebt mich vorwärts, vertreibt alles Schlechte im Kopf und lässt mich sagen: das Leben ist ein auf und ab, und es ist gut so. So?

Mond

Regen im Frühling

Auch den Morgen begrüßen,
der den harten Tag verheißt
kann Freude bringen und
lächelt dann dein Gesicht im Spiegel
wie wohl tut dies und
der Zukunft schwere Last zerstäubt
wie Jasmin, der dein Schlafzimmer
wärmt, als du ihn letzte Nacht
pflücktest nach leisem Gespräch
mit lieben Menschen und noch
die Forelle klang aus dem Bauch
des Kontrabass.

Der Freund

Und wenn es mir das Herz im Leib zerreißt,
ich will es spüren.
Mag es zittern oder ruhig atmen,
mich füllen oder den Geist auslaufen lassen,
ich freue mich seines Lebens und zugleich
des Teilhaften in mir.
Seit kurzem sage ich DU zu ihm und
es meldet sich mit einer weichen Klopfigkeit,
daß es mir fast den Leib zerreißt.

Rückfall und Aufstieg

Mit zunehmender Dichtigkeit,
wenn Wolle zu Flächen wird,
mit zunehmender Dringlichkeit,
wenn der kurze Tag den Sommer ablöst,
mit zunehmender Dominanz,
wenn Beziehungen an der Macht scheitern,

      klären sich die neuen Bedürfnisse.

Mit abnehmender Verblendung,
wenn die Verheißung gleich wird,
mit abnehmender Verzögerung,
wenn die innere Uhr sich meldet,
mit abnehmender Vergewaltigung,
wenn das andere Gefühl aufsteigt,

      entfallen die falschen Bedürfnisse.

Noch pendelnd zwischen diesen Gegensätzen
kommt der neue rote Horizont ohne
Wahrnehmung, zieht sich Mensch an den
zwingenden Ziegeln der Pyramide hoch.

Café

Im Café,
die Leute,
wie verschieden.
Geräusche von allen Seiten,
Gesprächsfetzen, "Zahlen bitte ...!"'
Zischen der Espresso-Maschine.
Tellerziehen auf Marmortischen.
Blicke von Gesicht zu Gesicht.
Gänge zur Toilette.
Drehen von Zigaretten.
Berge von Zeitungen,
unter den vielen jungen eine
alte Frau, verwitwet, mit zwei Goldringen.
Selbstbewusste Junge, auffallend, cool.
Reste des Verzehrten, Qualm.
Blicke zum Fenster, auf den Boden, herum.
Geborgen durch das Fallen in die
Einsamkeit der Gäste.

Suchsucht

Sie hockt vor der Illustrierten,
in der Ecke am Marmortisch weiß.
Schwarzes Jackett, blaue Jeans.
Irritierende Strümpfe und hackige Schuhe.
Die Schultern vorgebeugt, baumelnd
die Ohrclips.
Bisse auf rote Lippen, arbeitende Mundpartie.
Die Füße verkrampft quergestellt, wie auf Flucht
Die Hände zwischen den Beinen,
nach Kontakt suchend.
Eigenliebe durch Verknotung,
ziepen an der Haut,
unkontrolliertes Heben und Senken des Kopfes
mit den blonden Krausen und der Stirnlocke.
Suchend der Blick in der Zeitung,
in der Cafehausmenge.
Ruhelosigkeit von oben bis unten.
Kontrolle – Aufbruch –ge die Schale
wiedergefunden,
Zahlen – Fliehen – nichts gefunden,
weder sich noch jemanden ...

Nebelschwaden

Prall zerbricht die Brust,
zerschunden die Gedanken am Morgen,
verloren die Suche nach der Lust.
Ach, könnt Frieden ich mir borgen.

Brodelnd windet sich das Gedärm,
mehlig weiß hängt tief der Himmel,
ein Ton singt jenseits vom Lärm
Ach, könnt ich sein wie ein Schimmel.

Zerstäubt wie Sehnsucht das graue Meer,
donnernd kommt Er hernieden,
der volle Klang ist plötzlich leer.
Ach, könnt ich leben in Frieden.

Eigenbetrachtung

Wort, Buchstabe, Zeichen.
Geschriebenes für mich.
Ich im Geschriebenen.
Zeichen, Buchstabe, Wort.

Nähe, Fragezeichen, Abstand.
Geschichte des Werdens.
Werden im geschehen lassen.
Abstand, Ausrufezeichen, Nähe.

Morgenlicht

Nebelschwaden wässern die Kühlheit am Morgen,
zäh und undurchdringlich wie viele Sorgen.
Hinter den Dämpfen steigt langsam die Sonne hoch
der Tag beginnt und breitet sich aus wie ein Loch.

Der Wunsch nach Weitblick über den Nebel
entspricht dem Griff nach des Lebens Hebel.
Im Aufsteigen über Brei und Grenzen
wird Wiedergeburt neu in allen Lenzen.

Uns hält die eigene Trägheit hier am Boden fest
und aus Furcht bauen wir eingeigelt uns ein Nest
Der Mut der anderen ist nicht unser Mut,
im Zusammenbruch wird Licht im Nebel eine Glut.

Träume

Mit ausgestreckten Armen, flimmernd
von Energie bergauf, spielend
umfassend den Gesichtskreis der Figuren.

In Löchern verkriechend, versteckend und
entweichend, letztendlich im Schutze des
eigenen Individuums.

Strukturen nachlaufend in endlosen
U-Bahnschächten, zerfließen im Gewirr
der Geräusche und Leute und
strahlend die Verpackung aufreißend.

Sich von innen betrachtend und
fühlend erleben die Ängste und Auswege
wie himmlische Verheißungen, die
schwarzen Frauen verschwinden im Loch.

Pfründe

Ich bin froh, wieder durch eine
dieser kleinen Höhlenpforten gegangen zu sein,
mich geöffnet und verletzlich gemacht zu haben.
Noch fühle ich mich dumpf und leer,
gesättigt von Erleichterung und Freude,
etwas Neues in mir wahrgenommen zu haben.
Meine Augen sehen weit, die Haut ist
weich und wund und die Ruhe der
Dinge um mich ist Balsam auf den Wunden.
Ich atme freier und mein Körper dehnt
sich wie eine warme Wärmflasche.
Ein Stückchen weiter ...

Selbstschutz

Alles find ich in mir,
nur Kinder kann ich
keine gebären und
in ganz kleinen
Augenblicken
verstehe
ich,
was eine Frau ist.
Aber ich find auch alles in mir.

Advenire

Warm und weich,
wund und offen,
mit Sehnsucht nach Zweisamkeit,
die Gedanken voll eingetaucht in
die gelebte Nähe und Zärtlichkeit,
geformt von den Geburten der
eigenen Weiblichkeit,
getragen durch ein rauschendes Meer
von Wünschen und Phantasien,
spüre ich dich neben mir
und verliere mich doch nicht.
Eine Wabe voll Ge–mein–sam–keit
und das Herz voll Liebe.

Frühmorgens

Frühmorgens beim Tee
und einem hellen, beigenen
Farbstreifen zwischen stahlgrauen Wolken,
beginnt für mich langsam der Tag.
Die warme Geborgenheit der Federn
weicht den Schwingungen der morgendlichen Zeit.

Was der Tag wohl bringen mag?

Liebevoll, ein wenig zitternd vor Kälte und
Ungewissheit, lädt der Körper sich auf mit vitaler Energie.
Die Wolken verschieben sich, geben den
Wintervögeln eine prima Kulisse für
ihr Flugschauspiel. In ein paar
Minuten werde auch ich aus diesem
Nest entfliehen und mich der Luft
aussetzen. Ich freue mich auf die
erste Lunge voll des neuen Tages.

Zwischen dem Rot und Blau

Nach einer durchträumten und unruhigen Nacht
sitzt noch die Mattigkeit mit beim Frühstück.
Die kommenden Dinge des Tages streifen
hartnäckig das Bewusstsein.

> Zwischen dem Rot und Blau des
> Morgenhimmels möchte ich verschwinden
> in die Getragenheit der Ruhe.

Müde kauend und schluckend zieht
das Frühstück seine Bahn ins Innere.
Nicht traurig oder ärgerlich, aber doch
träge und zurückhaltend beginnt der Tag.

> Zwischen dem Rot und Blau des
> Morgenhimmels möchte ich meinen
> Kräften hinterherschwimmen.

Geräusche des erwachenden Hauses,
Nachrichten von jetzt so fremden Dingen,
strahlende Wärme der zwei Kerzen und
der Geschmack von Frucht im Mund.

> Zwischen dem Rot und Blau des
> Morgenhimmels möchte ich das Leben
> täglich neu beginnen.

Mich streckend und räckelnd
schaffe ich den Übergang dann doch.
Rückzug zählt nicht mehr und mit
beiden Beinen betrete ich die Plattform.

Das Feengesicht aus Holz

Diese aufkeimenden Vulkanausbrüche,
in denen ich jemanden in mir vernehme,
der ich werden wird, sind wie feuchter,
frühlingskalter Humus.

Das Ohr am kahlen Kegel, die Hand an den
wärmsten Stellen, die Beine am vibrierenden
Boden und die Augen auf die Rauchzeichen gerichtet,
erwarte ich meine Geburt.

Fernab von einengenden Ängsten macht mich
dieser Vorgang bang und ehrfürchtig, eilig
räume ich alten Schutt beiseite und öffne mich
der neuen Zeit in mir.

Transformation

Versprenkelt glitzern die Sterne am Himmel,
haben Namen von Tränen und Menschen,
wirken auf uns durch Geburt und Ansicht,
lassen uns sie formen und leben.

Verwelkend leuchtend dunkelrot die Rose,
grüßt die Dinge im Raum und zieht sie ein,
meine Lebensströme wirken wie Licht auf ihrem Schatten
wohingegen die Ränder der Blätter mir Struktur geben.

Verhallend klingt die Flöte im Ohr,
besänftigt die Ströme des linken Horizonts,
zerbricht und ist der rechte, sonnige,
während mein Ton zurückgreift in den Beginn.

Punktweise

(*für Franz von Sales*)

Punkte des Widerhalls in mir finden,
die Wege gehen, die sich anbieten,
frei sein in der Wahl der Begrenzungen.

> Glut sein, wenn du brennst,
> Wasser sein, wenn du weinst,
> Luft sein, wenn du träumst,
> Stein sein, wenn du gehst.

Punkte des Wiederklanges in mir finden,
die Wege sein, die sich anbieten,
ja zu sagen, immer ja.

Traumhaft

In Demut vergrabe ich mich vor der Größe,
kann kaum fassen, was da passiert.
Irgendwer oder Irgendwas stößt mich gegen diese Wand.

Zerbrochen liegt nun das reiche Stück,
geschändet ist mein Bewusstsein und verwirrt.
Doch spüre ich wie ein junger Frühling
den Beginn einer neuen, göttlichen Existenz.

Nicht durch mein Zutun, ohne meinen Willen,
ohne Selbstsucht und den Schutt vor der Mauer.
Neben mir brennt die Kerze oder brenne ich?
Schmerzlich fallend fühle ich mich
unendlich sicher und getragen.

Eintauchen

Die Begegnungen auf dieser neuen Ebene,
geführt frei durch die geladene Luft,
treibt mich weiter vorwärts.
Neue Sinne werden deutlich, erheben sich
wie Adler über tiefes Land.

Nicht um das Selbst fürchtend läuft der Schritt zögernd,
doch die Bande an letzteres ziehen wie Gummi.
Die Menschen stehen neben ihren Schablonen
oder verharren in ihnen.
Die verbleibenden Spuren sind wie tanzende Lichter
der Schiffe nachts auf dem See,
beseelt durch geheimnisvolles Treiben an unbekannten Ufern.

Ehrlichkeit

Immer wieder kommt mir in den Sinn,
in Gedichte Weisheiten zu stecken,
abzugehen vom ewigen Reden über mich
und das, was mir schwerfällt.

Aber dann bin ich nicht bei mir und
gebe nicht von mir.

Das
fällt dann auf mich zurück
wie das Nicht-einschlafen-können
nach dem Nicht-loslassen-können.

So
überkommt mich das zu Schreibende
wie der Schlaf, sanft und erlösend.

Wolken über Skagersbrunn

Als ich über das Land fuhr, ein Fahrrad tat recht und schlecht sein Dienst. Da fiel alle Last von mir ab. Ich schaute an dem Wegesrain, nahm wahr, mit welcher Vielfalt der Graben überging in den Wald. Schmetterlinge und querende Libellen, groß wie eine Hand. An leuchtenden Himbeersträuchern hielt ich an, labte mich und hörte vermeintlich den Protest der Vögel. Der Heißhunger war bald gestillt und der strenge Nachgeschmack kam mir vor wie das Leiden der Pflanze beim Pflücken. Die Augen brachen über bei der Weiterfahrt durch so viel Harmonie und Schönheit. Eine andere Art als zu Hause. Keine Harmonie aus Aufgeräumtheit, Klarheit und Symmetrie, nein eine Harmonie aus Belassenheit, sorgfältiger Einfügung und Symbiose. Die Äcker klein, zwischen Wäldern platziert wie vergessen, mit trockener Krume, kessem Grün oder leuchtende Getreidefarbe. Welch Vielfalt im Windspiel.

Und am Ackerrain, gegen die Straße und den Wald drücken sich all jene Pflanzen, von Farn bis Fingerhut, die einen Übergang und farbenfrohes Dasein von tief und hoch schaffen wollen. Auch die Häuser und Gebäude sind hier Teil der Natur. Im dunklen, rötlichen Braun mit weißen Ecken schauen sie von Weitem alle gleich aus, aber in der Nähe zeigen die Zärtlichkeiten der Besitzer mit reicher, phantasievoller Bestückung die feinen Unterschiede, wie feine Häärchen auf fremder Haut. Nahtlos streckt sich das Grundstück und Wald und Flur.

Der Wunsch, hier zuhause zu sein, mit der gleichen Erinnerung an früheres Erleben, wie die Birken die Zufahrt als Allee bilden, den Weg weisend, wo Zuhause ist. Und doch: gäbe man mir Haus und Hof, die Freiheit dieses Landes, meine Heimat und mein Zuhause liegt woanders, abseits von Landschaft und Unterkunft, liegt im Erleben, und sei es für Sekunden. Darum suche ich stets das Neue, auf endloser Jagd dem eigenen Schatten hinterher. Ich bin's nicht traurig, aber vorwärts treibe ich immer neuen Höhen und Tiefen zu, wissend, dass all' die Schönheit und Freude brachliegt und nur darauf wartet, dass ich sie annehme. In diesen Zeiten, befreit von Sorgen und Alltagslast fällt es leichter, ist es häufiger. Aber kein mehr an Qualität bringt es, nur ein Anderssein. Müsste ich wählen, ich würde es lassen, wie es ist, denn nicht unsere Entscheidungen zeigen uns das Leben, sondern das Gefühl, mit dem wir wahrnehmen, was um uns ist.

Erde

Leben im Jetzt

Heute brauche ich dich,
ob du mich brauchst, weiß ich nicht.
Heute sehne ich mich nach Nähe,
ob du Weite brauchst, weiß ich nicht.
Heute glühte Liebe in mir wie ein Abendrot,
ob du am Morgen aufgehst, weiß ich nicht.

Oft fehlt mir mein Gefühl für den anderen,
und du bist einfach da in mir.

Getroffen

Getroffen ist das Herz,
die Wahrheit, obschon stets nah,
und immer wieder auftauchend,
brennt doch anders, wenn sie
die Oberfläche durchbricht und
in der Kehle geformt zu leben beginnt.

Getroffen bin ich,
da wo alle Kontrolle versagt und
die Sehnsucht doch am größten.
Schuld und kreisende Gedanken,
das Gefühl des Alleingelassenseins,
der Fall rückwärts, die Klarheit
der Kläglichkeit.

Getroffen durch mich,
mich selbst dorthin gebracht zu
haben, wo Schmerz wartet,
und doch der Hoffnung auf Erlösung
zu frönen und zu glauben an
die innenwohnende Kraft.

Getroffen erlebe ich mich
und es fällt schwer, der
Traurigkeit Raum zu geben.
Der Wein ist stark und gar rauschend
die Musik. Vergessen wollen und doch
vor dem Grab der Vergangenheit und
Gegenwart zu stehen: Leben erster Güte.

Getroffen ...

Mal wieder

(zu hans-curt femmings "annäherung")
Mir wird immer ganz Angst,
wenn ich meine träumerische, sichere
so unerklärliche Sicherheit im Umgang
mit Büchern erlebe.
Scheinbare Ziellosigkeit, zufällige
Auswahl aus Bergen von gedrucktem Papier,
schnelle, intuitive Entscheidungen.
Das Widmen von Sekunden,
Rücken, Index, Durchblättern,
beobachten der Wirkung,
endgültige Entscheidung – nehmen oder nicht.
Ich finde mich dann stets verblüfft,
das Richtige gefunden zu haben,
manchmal nach Wochen des Rumliegens erst.
Ein schönes Gefühl, diesen Teil von mir einfach
akzeptieren zu können und zu müssen.

Die feinen Drähte des Gewirrs

Von Wellen werde ich überflutet,
die Gedanken schweifen ab in die Vergangenheit.
All' das, was ich ersehnt, ist mir Last,
find ich es nicht in mir.
Und doch tönt laut der Ruf:
Buchstabe, Notenhals und Erdkrumme sind dein Element.
Die Hand in meinen Haaren wird wie
der Duft von den Lindenblüten im Deckmantel der
Sinnlosigkeit. Nur die Struktur der weißen Objekte
belebt die Kaffeemaschine.
Unsere Reden über das Morgen im Gestern schwängert
die Lieblosigkeit.
Der Ruf nach Einsicht in die Ausflucht kann auch
nicht ausgehen von den Püppchen nahe dem Theater.
Der schnelle, feine Wind in dem Glitzern der Ölfläche
bräunt die Farblosigkeit der Farbkreide.
Die Kontur der Muskeln und die Kälte der Worte im
Wettstreit, alles entrinnt der Hoffnung.
Die Sehnsucht nach Sucht und das Sehnen nach was
vertreibt die Drähte, was bleibt ist Gewirr.

Angst

Rasend macht mich die Angst
das zu tun, was von selbst aus mir
heraus will.
Die Sicherheiten aufzugeben,
ich zu sein,
zu leben.

Ich ertappe mich dabei, neue
Sicherheiten als Ersatz für die
verlorenen in die Zukunft zu bauen.
Dass ich mir nicht genüge
und ich andere und anderes
brauche, um mich zu
definieren,
tut weh.

Letztendlich weiß ich, dass
der Weg gegangen sein muss,
dass ich ihn gehen werde
und er der richtige für den
Augenblick sein wird.
Wovor habe ich eigentlich
eine so schreckliche
Angst?

Merkwürdig

Merkwürdig,
wie mich Arbeit heute abhielt,
die Rolle bewusst durchzuspielen.

Merkwürdig.
wie der umknickende Fuß mich abhielt,
die Reise anzutreten.

Merkwürdig,
dass ich mich noch immer wundere,
wie oft ich etwas gegen mich tue.

Merkwürdig,
wie immer zwingender es wird,
den Gefühlen den Weg in die Hand zu geben.

Merkwürdig.

Flach wie der Mäusehabicht

Flach wie der Mäusehabicht die
Hänge hinabgleitet,
begrenzt wie der Schein der Thekenlampe,
krümelig wie ein Streuselkuchen.

Scheiße,

    alles Bemühen, meinen Zustand zu

    beschreiben, mir darüber klar zu werden,

    wie eng das Gefängnis ist,

    endet im matten Nichtstun.

Durch dieses Tief muss ich hindurch.
Keine faulen Kompromisse, feigen Rückzüge mehr.
So gerne würde ich jetzt eine zarte Hand
im Nacken spüren, die Nacht in pochender
Enge verbringen und fliehen in feuchte Nähe.

Scheiße,

    alles zu seiner Zeit und Stück für Stück,

    die mich drehenden Hände vergessen

    und ganz ruhig durch den Tag gehen.

    Treibsand sein vor der eigenen Angst.

Es tut so gut, wenn sich andere nach dir
erkundigen und beherzt deinen Zustand hinterfragen.
Erstaunt spürst du, dass es doch noch mehr gibt
als Oberflächlichkeit. Tief atmend tauchst du ein.

Diese Sehnsucht nach Nähe

Diese Sehnsucht nach Nähe
zerfrießt mich oft und jetzt,
arme Hand auf weicher Haut,
seufzen können und sich den
Ton im anderen anschauen.

Der Abgrund zwischen Wünschen
und Handeln gehört scheinbar nicht zu mir.
Doch es kämpft in mir,
ich versuche dem nachzuspüren
und dann entscheide ich mich
für das Richtige.

Oft fühle ich mich als Neugeborenes
in dieser Welt, überwältigt von den
positiven und negativen Eindrücken,
für die ich kaum Namen weiß.
Aber ich nehme mich an die Hand
und geleite mich wohl in das weiße Licht.

Laufpunkt

Weich und zitternd in den Beinen,
mit fliegendem Atem
stehe ich da,
offenen Mundes und
staunenden Auges,
spüre ich
"ich".

Alle Kraft und Weisheit,
Güte und Liebe,
alles Böse und Zerstörende
bin ich.
"Ich".

Plötzlich spüre ich mich laufen,
mit offenen Armen den Schrecken
der Zukunft und Gegenwart entgegen,
wissend,
bewältigen und annehmen kann ich
"ich".

In diesen Zeiten

Im Wald feierten wir Weihnachten,
schmückten eine Fichte,
sangen Lieder und brachen Brot.
Im Kreis gaben wir von unserer Energie
den kranken Bäumen und die kalte,
feuchte Luft duftete von brennenden Kerzen.
Wir loschen die Lichter, nur eins, ein
rotes, trugen wir aus dem Wald. Je
näher wir den Häusern kamen, desto
mehr schrumpfte es und schließlich
begruben wir es in einem Steinhaufen.
Aber das entfachte Licht in unseren
Herzen trugen wir in die Wohnsilos hinein
– wie einst der Weihnachtsmann.

Wege

Auf den vielen Wegen zu mir selbst,
begegne ich immer mehr Blumen,
die wie ich ihre unruhigen Bahnen ziehen.

Auf den vielen Wegen zu mir selbst,
möchte ich immer mehr leuchten wie sie,
zusammen wachsen zu einer bunten Wiese.

Auf den vielen Wegen zu mir selbst,
bin ich immer mehr davon überzeugt,
dass nur Liebe uns vor dem Tod in uns rettet.

Auf den vielen Wegen zu mir selbst,
verschenke ich immer mehr Liebe an andere,
so lange bis mir warm und weich ist.

Auf den vielen Wegen zu mir selbst,
verliere ich immer mehr die Isolation von der Welt,
fühle mich immer mehr getragen von allem.

Auf den vielen Wegen zu mir selbst,
finde ich immer mehr immer mehr,
dass ich an manchen Tagen sprachlos werde.

Blicke (nicht) zurück

Ich wollte kaum aus mir rausgehen.
Bei der Suche nach dem Schlüssel
befiel mich die Angst vor der
verschlossenen Tür hernach.
Also blieb ich hinter den Wänden.

Ich ging aus mir raus.
Spontan ging ich und vergaß den Schlüssel.
Pochend stehe ich nun vor der Tür,
die mir seltsam unbekannt vorkommt.
Sie gibt nach und stöhnend falle ich in die Sicherheit.

Ich musste aus mir rausgehen.
Im Gehen vergaß ich, woher ich kam,
sah nur die vielen offenen Häuser, ihre Wärme
und Geborgenheit taten mir für Momente gut.
In der Erinnerung dachte ich dumpf an die Angst vor Mauern.

Ich gehe aus mir raus.
Der Weg ist nun mein Zuhause.
Finde ich ein offenes Herz, so wird für Augenblicke
das Zuhause fassbar, bevor die Lust mich treibt
in die weite Welt hinter den Mauern.

Verdrängung

Nach deinem Weggang sitze ich
mit Kreuzschmerzen hier.
Letzte Nacht unruhig und das
Zerren in der rechten Schulter.
Heute tief im Rücken dieser Schmerz.
Er kam so langsam im Laufe unseres Gespräches.

Jetzt erkenne ich meinen alten
Freund und Feind wieder: die
unterdrückte Lust. Sie ist
im Rücken steckengeblieben,
aus Angst sie rauszulassen
und vielleicht ein paar Schläge einzustecken.
Was werde ich jetzt, wo du weg bist,
damit anfangen?

credo

Trat es auch wie ein Schlag,
es breitet sich aus,
nimmt Form an,
durchgräbt das Gehirn nach Vergangenem,
entsteht in lebendigen und toten Bildern,
atmet den Geruch von Traurigkeit und Verlust.

Euphorisch und zynisch das Lachen,
aber auch loslassend, endlich besiegelt,
der sichere Punkt von außen.
Bald schon wieder das Eigene wichtig,
das Aufsteigen des jetzigen Tages gegen
sonnenblauen und bevögelten Himmel.

Die Schwingungsstörungen von außen bleiben
und vergehen wie ein Kieselsteinwurf in stilles Wasser.
In den Tiefen gelten andere Gesetze und
tiefblau schwingt anders als herzrot.
Kurz vor Karfreitag kann Leiden und Verlust
zur Erlösung werden und Gewinn sein: Dacapo!

Das Geständnis

Wie doch Klarheit die Last von der Seele nimmt,
offen zerstört die Illusionen und Phantasiebilder,
reduziert auf das, was ist.
Diesmal selbst hindurchgegangen und frei geworden,
umgeformt und befriedigt.
Es bleibt der Nachgeschmack und in der
Zukunft die Frage nach der Art der Wege.

Abhängig

Morgen nähere ich mich dir,
wenn ... aber ... und
sage einfach das, was ist,
obwohl ... so dass ... oder.
Bis dahin bin ich mir
vielleicht ... unter Umständen ... wahrscheinlich
im Klaren, was ich denn nun will;

oder doch erst das nächste Mal?

Gefesselt

Es bleibt seltsam, wie gerne ich
auf dich zugehen würde,
dich in den Arm nehmen,
dich liebhaben,
mit dir Pferde stehlen und reiten,
dir beim Essen zuschauen, mit
dir lachen und weinen,
dir Picasso und Strawinski sein würde,
sitze aber hier, schreibe schlaue Gedichte
und unterdrücke meinen Schmerz über
unsere Nicht-Beziehung.

Die Dinge, die …

Die Dinge, die mir wichtig sind,
haben auch ihr eigenes Gewicht.
Oft wiegen sie allein dadurch,
dass sie nicht dem Normalen entsprechen,
oft, dass ihr Wirken nur subjektiv zu verstehen ist.
Aber ich nehme mir das Recht, die Zeit,
die Wichtigkeit,
denn ihre Gewichtung gilt nur für mich,
für mich allein.

Spiegel

Zum ersten Mal habe ich jetzt gespürt,
dass du mich liebst.

Nicht durch dein Handeln, Worte oder Taten,
nein nur dadurch, dass ich dich als
einen Spiegel für meine Liebe sah.

Einsicht kam mir aus ihm entgegen,
und mit ihm die Enttäuschung.
Langsam begreife ich, dass du mir
nichts liebevolleres hättest antun können.

Krankheitsgeschichte

Ich liege im Bett, von einer Krankheit zurückgeworfen aus dem lähmenden Alltag, endlich, da nichts mehr an Argumenten da ist, die nötige Pause dem Körper, dem Geist, der Seele zu nehmen. Die Schlappheit zu fühlen, das Niesen durchzuführen und andauernd zur Toilette zu rennen, kommt mir nicht, wie in früheren Jahren, als Bestrafung vor; nein: vielmehr als mir zustehende Zeit für mich. Als mich vorhin entschloss die nächsten zwei Tage blau zu machen, ging es mir gleich viel besser – besser in einem neuen Sinn. Krankheit als Übergang und Rückführung.

Umgeben von all' dem , was ich sonst brauche und vielem mehr, wird sogar das Im-Bett-Liegen zu einem Fest der Ablenkung: das Radio als Stimmen- und Zärtlichkeitsersatz, die Kerze als Zeichen der Wärme, das zusätzliche Kopfkissen zur Erhebung des Hauptes, Heizkörper bei geöffnetem Fenster, Papiertaschentücher, Uhr und Licht. Eingerichtet sein, wo es viel nützlicher wäre, sich um die Ursache, den wahren Grund der Krankheit zu kümmern. Hier schreibe ich schon wieder "man", will von mir als Person ablenken, unterliege diesem beschissenen Automatismus des Körperentferntseins. In diesem Zustand Zeit für mich zu haben, bringt auch die Angst mit, Angst vor diesem Unbekanntem, vor dem zu fliehen die Eltern so viel investierten. Krank durfte ich nie sein, erst wenn ich fast umfiel, wurde ich ins Bett gesteckt, aber auch dann war die Devise: schnell wieder gesund werden, Leistungen zeigen, Leistung sein. Dieser Zwiespalt zwischen Nicht-krank-sein-dürfen, Pass-gut-auf-Dich-auf und Zieh-Dir-was-Warmes-an auf der einen Seite und dem mangelnden Gelernten mit Krankheit als Zeichen und Hinweis auf verborgene Dinge umzugehen, ist für mich um so perverser, als mein Vater in seiner sozialen Rolle als Arzt eigentlich die Eignung hätte haben müssen. Aber dem war wohl nicht so, er starb ein paar Jahre nach seiner Pensionierung an Lungenkrebs. Schon seit Jahren erfahre ich gewisse Symptome als Zeichen für andere Krankheiten, Magenbeschwerden und Pickel im Gesicht als Zeichen für Stress, Kreislaufaussetzer als Mahnung an den eigenen Körper zu denken, Kopfschmerzen als Zeichen für Problemflucht.

In dem Hineinbegeben in diese Tatsachen gibt es schon viel Erlösung, sagt es mir, dass dies der richtige Weg ist, aber dennoch kämpfe ich oft dagegen an, bis der Schuldenberg so groß wird, dass es gründlich kracht und ich, wie jetzt, wirklich im Bett liege. Schnupfen und Halsweh, Mattigkeit und Blähungen zeigen dann nur zu deutlich, dass der Körper Ruhe braucht und der Geist Lösungen und die Seele freies Öffnen.

Im Gespräch mit Reinhold gestern Nacht noch erschien alles so klar, nur die Realität des Tages sieht anders aus, vernebelt die Einsichten aus der Kneipe beim Federweißen. Allein auf mich zurückgestellt kämpfe ich mehr mit mir, als ich Energie im Streit mit anderen zu investieren bereit bin. Der Versuch diesen zu Papier zu bringen, scheint auch nur Ausflucht. Still und stumm im Bett zu liegen, ohne jede Ablenkung wäre vielleicht die beste Therapie. Durch das Schreiben nähere ich mir mich, fixiere das sonst nur kurz angedachte und überführe mich des Betruges. Auch hierdurch ändern sich Qualitäten.

Schwach zu sein, klein und zu Taten unfähig, mit viel Bedürfnis nach Bemutterung und Zärtlichkeit, normales Verhalten ablehnend und revoltierend auf Fragen. Eine komische Art der Lebenslust und doch gehört sie zu meinem Sein wie alle die anderen Dinge. Nicht mehr zu funktionieren, nicht mehr vorhersehbar zu sein, hat so viel Befreiendes. Es könnte Muster für das Leben sonst sein, wenn nicht ...

Durch meine Krankheit ändert sich an den Gegenständen und Lebewesen in diesem Zimmer nichts. Nur ich nehme sie anders wahr, vielleicht das sie sich wundern über die Dauer meiner Anwesenheit. Mit derselben Ausstrahlung wie sonst haben sie doch eine andere Wirkung, bilden sie ein Nest, eine wohlige Umgebung für den eingebildeten Kranken. Götzenfiguren haben plötzlich wieder mystische Wirkung, Pflanzen strahlen Leben auf mich, aus den Büchern wirkt die Weisheit und auch die Dummheit vieler Jahrhunderte und Autoren, der Staub deutet an, was er einmal gewesen, und das verlöschende Kerzenlicht singt von endlicher Zeit und der Verantwortung dafür.

Ich fange an, das Kranksein zu genießen und lege damit den Grundstein für die Genesung. Zeit und Raum für sich selbst und die Konsequenz mit stets sich wandelnden Augen sie zu sehen, gibt Kraft und Mut, eine samtige, träge Zufriedenheit und den Anstoß, wie zum Jahreswechsel, all' die guten Vorsätze endlich Realität werden zu lassen.

Wasser

Musik

Sie wärmt mich, spricht mit mir,
ihr gebe ich meine Aufmerksamkeit
und ihr bin ich treu.
Die Wogen ihres Rhythmus interferieren mit den meinen
meine Höhen und Tiefen bestimmen ihr Vorhandensein.
Oft das Mantra, oft die Richtschnur für den Tag,
oft das Sinnbild für mein Leiden, oft Ausdruck meiner Freude.

Von vielen Altern und Vätern,
durch viele Medien und Sphären,
in vielen Dingen und auf letzten Worten.
Ewig weiblich und mahnend an Geduld.
Sinnlich reizend und Lösung von Fragen.
Landschaften erzeugend und Schutzschild gegen die Umwelt.

Wo meine Worte aufhören, fängt sie an
und ich möchte in sie hineinfließen,
mich zeitweise verlieren, die alten Wunden
diesem Leben überlassen und doch eins sein.

Im Kanu

Taumelnd in des Abends Stille
nach bestandener Abenteuerlust.
Wo die Kühe drängend den Sand durchbrachen,
wo der Wind das Sumpfgras wog
und das Boot hüpfend wie eine Grille
dem Fährmann aus den Armen brach.
Nach durchlebtem Zittern
dem Hafen der Ruhe nah
heischten die Stunden auf brauner Haut
mehr als die nassen Schuh.
Vom Kampf mit sich und den Unbillen
bleibt allein die satte Müdigkeit
und die Lust gelebt zu haben.

Umlenken der Pfeile

"Du solltest ...", "Sei nicht ..."
... endlos ist die Einflussnahme
der anderen auf mich, mit Worten,
Gesten und stummen Blicken.
Aber ich bin es, der es annimmt,
nicht laut schreit: "Ihr könnt
mich mal ..."

Statt mit anderen dieses fruchtlose Spiel
zu treiben,
will ich mit mir spielen,
probieren, wie ich mit mir umgehe,
welcher Teil von mir als Sieger,
als Überlebender hervorgeht.
Ich hoffe, dass ich keine Kontrollinstanz
außer meinem Gefühl brauche.

Eigenliebe

Sprachlos bestaune ich meine Hand,
bewege interessiert die Finger und sehe
das Spiel der Muskeln.
Ich mag meine Hand.

Staunend renne ich durch den Wald,
spüre das rhythmische Traben der Beine
und ihr sicheres Laufspiel.
Ich liebe meine Beine.

Schweigend liege ich im Bett,
spiele mit meinem Schwanz und
träume von seiner warmen Samtheit.
Ich freue mich über mich.

Tagträumend segle ich auf blaugrauen Bäumen,
empfinde Zukunft als Gegenwart und
explodiere vor Lust am Wachsen.
Ich habe eigentlich schon eine Menge gelernt.

Herbstsuche

Ich habe versucht in dieser Stadt
den Herbst zu finden.
Im Park erzählten mir noch
grüne, gelbe und rote, gefallene Blätter
das Lied des Vergehens.
Früchte gab es auch noch und
Kastanien, über Nacht am Boden gefault.

In den Straßen verlor sich der Herbst,
kaum einer Pflanze sah man den
Herbst an, nur einmal leuchtete rot
das Weinlaub.
Was in den Häuserschluchten nicht zu töten war,
war dieser intensive Geruch des Herbstes,
feuchte, modrige Luft, würzig und bedrückend.

So fand ich den Herbst – zuletzt
auch in mir, in den Gedanken,
Träumen und Lieben.

Von Bäumen

Von eurem Stamme möchte ich sein,
Keine Angst vor dem Winter gebricht euch das Haupt.
Im Rauschen des Herbstwindes und
im goldenen Spiel der Abendsonne
wiegen sich eure Häupter und
Blätter fallen wie Tränen auf feuchten Grund.

Schon ahne ich das Grau eurer Stämme im Winter,
aber noch regiert das Ausatmen der Natur,
stehen voll Pracht Pilz und Gras
und wie ein Teppich bedeckt das fallende Laub
mit seinen wechselnden Farben den sicheren Boden.

Ihr seid wie ich, stolz, einsam, verwachsen
und bereit, sich allem zu stellen.
Mit euch spüre ich die Wiegen und Wogen
auch meines Lebens und eure Kraft macht mir Mut.
Die kommende Nacht können wir gut überstehen,
denn noch greift nicht die kalte weiße Hand um sich,
noch dampft und bebt die Erde auf der wir stehen.

Eine Zunge voll Herbst

Hellrot strahlend verraten die
unreifen Brombeeren ihre Brüder und Schwestern.
Im herbstlichen Laub, im milden Sonnenlicht,
das jetzt schon tief die Kontouren des Unterlaubes erhellt,
pflücke ich die reifen Früchte, lasse sie auf
der Zunge zergehen.
Die Überreifen, von manch' Insekt belebt,
hinterlassen einen todesähnlichen, herben Geschmack.
Grillen und sich zusammenziehende Vogelscharen
spielen die Tafelmusik und leise
knisternd lösen sich die Bäume in der
Vorahnung des Winters von ihren Blättern, die
wie kleine rottanzende Schiffchen sich dem
Erdboden in lustigen Kreisen nähern.
Das Leben des Waldes jetzt ist mir viel näher
als im Sommer.

Selbstbestimmung

Keine Frage nach dem *Warum*?
Unwichtig das *Wie*?
Nebensächlich das *Wann*?
Wozu ein Womit?

Nur für mich,
weil ich es brauche,
wie mein Herz will,
und weil es einfach Spaß macht.

Schema

Schema 1

Sah dich,
wollte dich,
berührte dich,
vernebelte mich,
verlor dich,
denk´ immer noch an dich.

Schema 4

Sah dich,
liebte dich,
brauchte mich ganz,
verlor mich ganz,
gewann mich.

Schema 2

Sah dich,
wollte dich nicht,
berührte dich nicht,
vernebelte mich nicht,
verlor dich nicht,
denk´ immer noch an dich.

Schema 5

Sah dich,
liebte,
ließ mich,
begegne dir,
entwickle mich.

Schema 3

Sah dich,
spürte dich,
ließ dich,
beschränkte mich,
erlebte dich,
spüre noch immer mich.

Zyklus Curiosus

Anderssein ist komisch.
Komischsein ist schön.
Schönsein ist lieben.
Liebsein ist Selbstsein.
Selbstsein ist Anderssein.

Rekonvaleszenz

Ich lebe aus den Momenten
größter Nähe zu mir.
Ein seltsames Wissen um Alles
was mich betrifft.
Die Wege der Gleise,
auf denen ich fahre,
die Herzen der Menschen,
die mich berühren,
Tränen und Trauer,
die ich in mir anrühre,
Momente der Liebe und der Erkenntnis,
alles das ist schon da.
Wenn ich zulasse, dass sich
mein Schatten und ich mich vereine,
erblüht jene Nähe, die
Ruhe und Zuversicht gibt,
wie eine aufspringende Knospe.
Schale für Schale öffnet sich der Kern
und zeigt das Wesentliche immer deutlicher.

Im noch leeren Raum

In der wohligen Wärme deiner Anwesenheit
vergaß ich die Mühen der Arbeit,
sah nicht mehr das, was noch wartet,
sondern ahnte und träumte von den
Spitzen des Buchenbaumes im Frühling.

Die Tasse Tee im leeren Raum
gebrach nicht das Frösteln der weißen Wände.
Im Tun fand ich Zuspruch,
im gemeinsamen Lachen und Machen
die Kraft, das Ziel nicht zu verlieren.

Auch wenn das Wort Vertrauen nicht
gesprochen wurde, so lag es doch in den Blicken,
Berührungen und Träumen.

Wenn so reich der Tag,
was kümmert dann noch das Morgen?

Beim Renovieren

In den Minuten und Stunden
unserer Nähe fand ich irgendwie
keine Zeit auch mein Vertrauen
zu dir zu vermitteln, fand
keine Zeit dir zu sagen, was
sich schon fand in Augenblicken.

Lang noch spürte ich deine Hand
auf meinem Arm.
Lang noch horchte ich unseren Zügen
hinterher, deren parallele Bahn sich
noch nicht schnitt.

Beglückend der Moment, schön der Traum.

Maßvoll

Zu spüren, wer du bist,
zu merken, wie wir uns begegnen,
zu vernehmen, wodurch du rufst,
zu geben, wonach wir uns sehnen,
zu lassen, womit wir uns verletzen,
zu sprechen, was aus mir herauskommt,
zu berühren, wo deine Wunden glühen,
zu leben, wovon unsere Quellen gebrechen,
zu öffnen, immer wieder öffnen, offen sein.

Der Läufer

Der Läufer rennt auf dem Saum des Rückens,
gedrängt ziehen die Beine die staubige Spur,
brechen die laute Ruhe des frühen Morgens.
Tau adelt die Früchte und Gräser am Acker,
lässt erquickende Luft atmen und aufsteigen.
Rechts und links im Tal gärt noch der Nebel,
derweil die Sonne den Läufer himmelsehend macht.
Die Klarheit des Tages macht sein Gesicht weit,
weit strahlt seine Zufriedenheit in die Bewegung.
Er grüßt die Pflanzen und Tiere des Morgens
und ein Strauß voller Farben lässt ihn innehalten:
noch einmal und wieder weitet sich der Ort zur Welt
und voller Frieden öffnet der Läufer sich dem Alltag.

In Bewegung ...

In Bewegung durchläuft es die Zeit,
findet Spaß an der Form, geboren aus
dem Anklang erklungener Zupfungen.
In Bewegung atmet es die Luft,
die würzig belebt und stinkend ermattet.
In Bewegung erlebt es das Werden,
wie die Geburt eines Vogels, einer Rose.
In Bewegung durchfließt es das Meer der Gefühle,
spürt die Wellen von Liebe neben sich,
wird Bewegung.

Wenn in blöden Situationen ...

Wenn in blöden Situationen ein
Gedanke an dich wie Rettung ist,
so verwechsle ich das nicht mit Liebe.

Aber dieses Vorgefühl lässt mich
aufleben und wir benötigen
positive Dinge alle so dringend.

Die Maske

Müde und ausgelaugt,
Energie ziehend – mein Gesicht.
Jetzt nehme ich mir Zeit und
schaue mir ins Gesicht.

Fettig kommt schon Glanz,
nicht in die Augen, aber auf
dem großen Kreis der Gesichtsfläche.
Die kühle Feuchtigkeit des Ersten
erschrickt kalt und erzeugt
einen harten Kontrast. Gegen
dieses Weiß sieht die Haut alt aus.

Einseitig verschwindet das Auge
noch weiter in der Höhle, so als ob
es Platz macht für das Entstehende.
Auch nach einem Viertel weicht die
Persönlichkeit nicht. Diese Augen –
leben und feuern gegen das bedrängende Weiß.

Unter der Schicht ein Gefühl von Absterben
und Gefangensein. Doch auch Impulse
von ganz kleinem Leben. Jeder Lachansatz
wird so zum Jahrmarktsfest.

Halb und halb – oder was bleibt?
Fremdheit und Kälte sieht mir entgegen,

es bleibt die Dominanz
des warmen Teils. Noch siegt es.

Grimassen werden schwer; wie symmetrisch
wir uns geben. Intensiv leben auch mit
Kleinen Teilen fühlt sich an wie Schaukeln,
du kommst nicht vom Fleck.

Ich kann dem Versuch, auch die Nase
zu verschließen, nicht widerstehen.
Mit dem Gefühl von Angst und Beklommenheit
tue ich es dann und schwer atmend trocknet es.
Mit pochendem Herzen kommt die Frage: wie weiter.

Die Blicke weichen von meinem Gesicht,
drängen nach Lösungen von außen.

      Das Auge soll mitsterben!

Welch' absoluter Fortfall.
Endlich habe ich die rechte Seite gelähmt.
Langsam bewege ich den Rest des Gesichtes.
Benutze Hände den rechten Teil wiederzubeleben.

Der starre Ausdruck verhindert nicht das
theatralische, Posen und Mimen unter der Maske.
Sind so die zwei Teile von mir?

      Lebendig – tot – rosa – weiß?

Nein, ich verbinde sie neu zu einem Spiel
voller Demut vor den eigenen Fähigkeiten,
diesem Leben im Kleinen.
Stück für Stück löst sich die Maske – und ja: "ich".

Fülle von innen mit Leben und Geist,
lasse werden wie das Aufbrechen einer Knospe.
Es kommt was bekanntes und doch Neues
hervor, zerbricht das Unlebendige, strömt
voll Liebe und Wärme.

Geburten im Kleinen, Abziehbilder,
Veränderungen und Entwicklungen.
Der alte Glanz ist nicht mehr,
das Neue scheint in weißem Licht.

Im Spiel mit der Maske sehe ich
plötzlich den Bruder, den Vertrauten.
Zum ersten Mal mit liebenden Augen,
gedrängt Zärtlichkeit zu erzeigen,
gedrängt die Nähe zu halten und
endlos im Spiel die Facetten allen Glücks
zu umfassen.

Nicht verloren, sondern neu geboren.